Inhalt

Betriebsklima

Kernthesen

Beitrag

Fallbeispiele

Weiterführende Literatur

Impressum

GENIOS WirtschaftsWissen Nr. 08/2004 vom 04.08.2004

Betriebsklima

M.Reiner

Kernthesen

- Eine vorherrschende Unzufriedenheit am Arbeitsplatz in deutschen Unternehmen wird laut Umfragen in naher Zukunft zahlreiche Führungs- und Fachkräfte dazu veranlassen, ihre Stelle zu wechseln. (2)
- Dabei kann ein gutes Betriebsklima dazu beitragen, die Zufriedenheit zu erhöhen, Konflikte zu lösen und die Kreativität zu fördern. (5), (6), (10)
- Oft sind nur kleine Zeichen nötig, um eine anhaltende Verbesserung im Arbeitsumfeld zu schaffen. (5), (7), (8)

Beitrag

Eigentlich scheint es ganz einfach zu sein: wer gerne zur Arbeit geht, der arbeitet auch besser. Das Betriebsklima ist ein entscheidender Faktor, wenn es darum geht, die Mitarbeiter auch in dürren Zeiten zu motivieren und ihre Arbeitsleistung zu fördern. Manchmal sind es schon Kleinigkeiten, die die gewünschte Wirkung erzielen.

Betrachtet man Studien zur Arbeitszufriedenheit in deutschen Unternehmen, lassen sich für die Zukunft ambivalente Schlüsse ziehen: 60 Prozent der 1500 befragten Fach- und Führungskräfte einer Studie würden kurz- bis mittelfristig ihren Arbeitsplatz wechseln. Hinsichtlich des daraufhin steigenden Personalbedarfs ist das eine wirtschaftlich positive Entwicklung. Für die betroffenen Unternehmen jedoch heißt das enorme Mehrkosten bei der Mitarbeitersuche. (2)

Laut Umfrage ist der Hauptgrund für diese Wechselbereitschaft die unstete Personalpolitik in deutschen Firmen, die sich negativ auf das Betriebsklima auswirkt und zu einer allgemeinen Unzufriedenheit führt. 28 Prozent der Befragten fühlen sich unmotiviert, 87 Prozent halten die firmeneigenen Personalentwicklung für verbesserungswürdig. (2)

Zeichen setzen

Es braucht nicht einer kompletten Umwälzung der Unternehmenskultur, um Mitarbeitern die notwendigen Signale zu geben. So setzen Deutschlands Top-Manager bei Siemens ein Zeichen und verlegen derzeit die Vorstandsbüros aus den höheren Etagen ins Erdgeschoss. Auch wenn sich dadurch nicht viel ändert, wird die Wirkung auf die Mitarbeiter nicht verfehlt: die geringere Distanz signalisiert Zusammengehörigkeit und stößt bei der Belegschaft auf Zustimmung und Beifall. (1)

Ein gutes Betriebsklima als Burn-out Prävention

Experten sind der Meinung, dass ein gutes Betriebsklima das beste Mittel ist, um chronische Erschöpfungserscheinungen zu vermeiden. Faktoren wie eine sachliche Kritikfähigkeit, Feedback, Lob und Tadel haben einen positiven Impact auf das Betriebsklima.(3), (4), (11)

Eine offene Konfliktkultur kann angestaute Aggressionen und schwelende Streitereien vermeiden, die eine Zusammenarbeit erschweren. Sie dient außerdem allen Beteiligten dazu, sich über die eigenen Ziele Klarheit zu verschaffen. (5), (11)

Bei aller Kritiklust sollte man jedoch seinen Humor nicht verlieren. Aus psychologischen Untersuchen geht hervor, dass Humor Anreize in festgefahrene Situationen bringt und Spannungen beseitigt. Mit Humor können Innovationen vorangebracht und kreative Leistungen erzielt werden. (6)

Freundschaftlicher Umgang zwischen den Mitarbeitern

Raucher versus Nichtraucher

Wenn Feindseligkeiten im Betrieb zwischen den Mitarbeitern herrschen, trägt auch das wohlgemeinteste Lob nur bedingt dazu bei, das Betriebsklima zu verbessern. Ein typischer Konfliktherd sind z.B. die täglichen Auseinandersetzungen zwischen Rauchern und Nichtrauchern. Weigerungen an Meetings teilzunehmen, bei denen geraucht wird oder der Wunsch von Mitarbeitern, eine Zigarette nach dem Essen zu genießen, verhärten die Fronten im Betrieb.

Abhilfe schaffen meist nur klare Regelungen von Seiten der Unternehmensführung. Als oberstes Gebot gilt hier jedoch: was für die Mitarbeiter gilt, ist auch Credo für die Chefs. (7)

Betriebsausflüge beflügeln das Betriebsklima

Eine gute Gelegenheit, um das Betriebsklima aufzufrischen und die Chemie untereinander zu verbessern sind Betriebsausflüge. Dass gemeinsame Unternehmungen von vielen Mitarbeitern befürwortet werden, zeigt sich am Beispiel der Bediensteten des Main-Taunus-Kreises. Anstatt während der Arbeitszeit wurde der Ausflug in die Freizeit verlegt. Dennoch nahmen zahlreiche Mitarbeiter an der Aktion teil. Profitieren tun dabei, nach Ansicht der städtischen Personaler, nicht nur die Mitarbeiter. Eine verbesserte Kommunikation untereinander kommt letzten Endes auch den Endverbrauchern, d.h. in diesem Fall den Bürgern zu gute. (8)

Fallbeispiele

Deutsche Top-Manager setzen Zeichen: um das Betriebsklima zu verbessern und den Mitarbeitern zu zeigen, dass alle am gleichen Strang ziehen, lassen sich Konzernmanager einiges einfallen: Während die Vorstandsmitglieder bei Siemens ihre Büros in die unteren Etagen verlegen, will sich Deutsche-Bank Chef Josef Ackermann künftig von seiner sachlichen Seite zeigen und Kritik von seinen Mitarbeitern entgegennehmen. (1)

In Betrieben, in denen Kritik nicht als Angriff auf die Persönlichkeit gesehen wird, herrscht ein besseres Betriebsklima. Dennoch geben 63 Prozent von 1500 Befragten einer Untersuchung der Personalberatung Studnitz & Partner an, dass ihre Chefs die Kritik der Mitarbeiter nicht einmal wahrnehmen. Hingegen haben andere Unternehmen die Kritik zum Bestandteil der Unternehmenskultur gemacht: Mit Beurteilungsbögen und 360° Feedback ermöglichen sie eine sachliche Kritik an den Führungskräften. (4)

Eine offene Konfliktkultur hat den Vorteil, dass unterschwellige Konflikte im Entstehen beseitigt werden können und die Spannungen im Betrieb vermindert. Wie man richtig Kritik übt, erklärt Diplom-Pädagoge Peter Höher anhand von fünf wichtigen Aspekten in der Aprilausgabe der Zeitschrift Der Handel. (5)

Da Humor zur Verbesserung des Betriebsklimas beiträgt und kreative Lösungswege fördert, bietet der Veranstalter Managementcircle am 29. Juli und 23. August das das Seminar "Spaß im Job als Motivator" an. Informationen können eingeholt werden unter: 061 96 / 47 22 - 608. (6)

Um den Betriebsfrieden nicht durch Auseinandersetzungen zwischen Rauchern und Nichtrauchern zu gefährden, setzen immer mehr Unternehmen auf klare Regelungen im Umgang mit Zigaretten. Aufgrund einer Zunahme von Beschwerden hat z.B. der Erotikartikelhersteller Beate Uhse auf die Missstände reagiert und ab 1. Juni zum Einstellen des Rauchens aufgefordert. Auch Ebay in Deutschland oder die Frankfurter Depfa Bank haben bereits Komplettverbote verhängt. Eine individuelle Lösung schaffte das norddeutsche Telekommunikationsunternehmen: Raucher müssen sich bei ihrer Zigarettenpause am Erfassungsgerät abmelden. (7)

Viele Unternehmen wollten nicht auf den Betriebsurlaub verzichten. Denn sie wissen, dass die ungezwungene Kommunikation und der Austausch zwischen den Mitarbeitern für ein besseres

Betriebsklima sorgen. Aufgrund wirtschaftlicher Notwendigkeiten legen Firmen die Aktionen vermehrt in die Freizeit. Besonders einfallsreich zeigt sich z.B. die VR Leasing in Eschborn, die die Themen Betriebsklima und Familienfreundlichkeit miteinander verknüpft. Rund 600 Mitarbeiter haben die Möglichkeit, beim gemeinsamen Family-Afternoon in den Räumlichkeiten der Firma gemeinsam an Unterhaltungsangeboten teilzunehmen und die Kontakte zu verbessern. (8)

Auf besondere Art möchte der Flugzeugbauer auf Finkenwerder frischen Wind in die Firma bringen. Indem in Schulen Werbung für das Unternehmen gemacht wird und Schülerinnen vor Ort einen Einblick erhalten können, sollen vermehrt Frauen rekrutiert werden. Von einem höheren Frauenanteil, der zurzeit bei 12 Prozent liegt, verspricht sich der Hersteller vor allen Dingen eine Verbesserung des Betriebsklimas. (9)

Sinkende Krankenzeiten der Mitarbeiter der Stadt Ebersbach führt Oliver Marzian, Verantwortlicher für die Personalentwicklung, auf ein gutes Arbeitsklima zurück. Damit die Quote von 2,6 Prozent erhalten bleibt, will die Stadt auch künftig mit flexiblen Arbeitszeiten, Gesundheitstagen und der Einführung von Beurteilungsgesprächen auf die Zufriedenheit der Mitarbeiter bauen. (10)

Mit 51140 Teilnehmern aus 1831 Firmen fand dieses Jahr der Chase Challenge-Lauf weltweit in 15 Städten statt. Beitragen möchte der Veranstalter damit zu einem besseren Betriebsklima in den Unternehmen und das Zusammengehörigkeitsgefühl der Kollegen stärken. (12)

Mehr Mitarbeiterleistung und ein besseres Betriebsklima verspricht sich Ludwig Bieser, Leiter Gesundheit und Sicherheit bei IBM Deutschland, durch fördernde Gesundheitsmaßnahmen im Unternehmen. Insgesamt nahmen letztes Jahr 800 Angestellte an den angebotenen Kursen teil. Die Selbstkostenbeteiligung betrug 60 Euro. Neues Medium im Hause IBM ist das interne Gesundheits-TV. Der 10minütigen Sendebeitrag soll die Mitarbeitern darin bestärken, den eingeschlagenen Gesundheitsweg im täglichen Leben einzusetzen. (13)

Weiterführende Literatur

(1) Ein großes persönliches Opfer für Deutschland
Wenn mächtige Konzernmanager ihre Bezüge kürzen, wollen sie damit sagen: Hey, Leute, wir sind doch genau wie ihr
aus taz, 23.07.2004, S. 20

(2) Motivation auf dem Tiefpunkt Studie:

Arbeitszufriedenheit deutlich gesunken / Jobsuchende auf der Lauer
aus Allgemeine Zeitung vom 26.6.2004

(3) Ein gutes Betriebsklima ist die beste Burn-out-Prävention
aus Frankfurter Allgemeine Zeitung, 03.04.2004, Nr. 80, S. 55

(4) Mit Taktik und Feingefühl
aus Der Handel Nr.05 vom 05.05.2004 Seite 066

(5) Zoff - ja bitte!
aus Der Handel Nr.04 vom 07.04.2004 Seite 074

(6) Behnke, Andrea, Humor schafft Freiheit im Kopf. Manchmal kann man nur lachen, Stuttgarter Zeitung vom 26.06.2004
aus Der Handel Nr.04 vom 07.04.2004 Seite 074

(7) Eskalation in der Kantine Auseinandersetzungen zwischen Rauchern und Nichtrauchern belasten das Betriebsklima. Einige Unternehmen zeigen, wie leicht sich solche Konflikte lösen lassen.
aus Capital vom 27.05.2004, Seite 90

(8) Betriebsklima pflegen trotz leerer Kassen
UMFRAGE DER WOCHE
aus Frankfurter Rundschau v. 14.05.2004, S.41, Ausgabe: R Region

(9) 150 SCHÜLERINNEN informieren sich beim Flugzeugbauer auf Finkenwerder. Gute Chancen für

Ingenieurinnen. Airbus will mehr Frauen
aus Hamburger Abendblatt, Jg. 57, 18.06.2004, Nr. 140, S. 24

(10) Riker, Sabine, Gutes Betriebsklima senkt den Krankenstand. Gesundheitsbericht der Ebersbacher Stadtverwaltung gibt Aufschluss über Ausfallquote und häufigste Erkrankungen, Stuttgarter Zeitung vom 26.05.2004, Seite 22
aus Hamburger Abendblatt, Jg. 57, 18.06.2004, Nr. 140, S. 24

(11) Motivation mangelhaft - am Arbeitsplatz herrscht oft blanker Frust Unzufriedenheit in den Unternehmen verursacht enormen gesamtwirtschaftlichen Schaden / Wissenschaftler: Verhalten von Vorgesetzten muss verbessert werden
aus Allgemeine Zeitung vom 19.4.2004

(12) Laufen für das gute Klima Beim größten Firmenlauf sind heute Abend auch 32 Mitarbeiter der Frankfurter Rundschau dabei
aus Frankfurter Rundschau v. 16.06.2004, S.39, Ausgabe: R Region

(13) Turnen für die Firma Die Fitness ihrer Mitarbeiter überlassen deutsche Unternehmen nicht mehr dem Zufall: Gesundheitsmanagement ist angesagt
aus Financial Times Deutschland vom 07.06.2004, Seite 33

Impressum

Betriebsklima

Bibliografische Information der deutschen Nationalbibliothek

Die Deutsche Nationalbibliothek verzeichnet diese Publikation in der deutschen Nationalbibliografie; detaillierte bibliografische Daten sind im Internet über http://dnb.d-nb.de abrufbar.

ISBN: 978-3-7379-0882-5

© 2015 GBI-Genios Deutsche Wirtschaftsdatenbank GmbH, Freischützstraße 96, 81927 München, www.genios.de

Alle Rechte vorbehalten. Dieses Werk ist einschließlich aller seiner Teile – z.B. Texte, Tabellen und Grafiken - urheberrechtlich geschützt. Jede Verwertung außerhalb der Grenzen des Urheberrechtsgesetzes bedarf der vorherigen Zustimmung des Verlags. Dies gilt insbesondere auch für auszugsweise Nachdrucke, fotomechanische Vervielfältigungen (Fotokopie/Mikroskopie), Übersetzungen, Auswertungen durch Datenbanken oder ähnliche Einrichtungen und die Einspeicherung und Verarbeitung in elektronischen Systemen.